EXAMEN

DU

PROJET DE LOI

SUR LES

CIRCONSTANCES TRÈS ATTÉNUANTES

PAR

Charles GUILLEMOT

DOCTEUR EN DROIT

PROCUREUR DE LA RÉPUBLIQUE AU BLANC

LE BLANC. — IMPRIMERIE H. RIBIERE

1886

DES

CIRCONSTANCES TRÈS ATTÉNUANTES

EXAMEN

DU

PROJET DE LOI

SUR LES

CIRCONSTANCES TRÈS ATTÉNUANTES

PAR

Charles GUILLEMOT

DOCTEUR EN DROIT

PROCUREUR DE LA RÉPUBLIQUE AU BLANC

LE BLANC. — IMPRIMERIE H. RIBIÈRE

1886

Forsan et hæc olim meminisse juvabit.

(*Virgile — Enéide, livre I.*)

A la séance du 1ᵉʳ mars 1886, M. Bozérian a déposé sur le bureau du Sénat le rapport fait par lui au nom de la Commission chargée d'éxaminer la proposition qui a pour objet de modifier les articles 341 du code d'instruction criminelle et 463 du code pénal, en permettant au Jury de déclarer, au profit des accusés reconnus coupables, l'existence de circonstances *très atténuantes* (1).

Cette proposition, sur la demande de M. Grand-perret (2), a été renvoyée à M. le Garde des Sceaux pour avoir l'avis de la Cour de Cassation et des Cours d'Appel.

Les délibérations de ces hautes compagnies judiciaires seront intéressantes pour ceux qui se livrent à l'étude des questions de droit criminel. A l'attrait que nous promet une discussion éclairée se joint, dès à présent, la curiosité de savoir quelles idées finiront par triompher.

L'avenir, mieux que toute dispute, nous apprendra de quel côté se trouvait la vérité ou l'erreur.

----

(1) *Journal Officiel* du 16 mai 1886 ; annexe n° 61.

(2) Séance du 6 avril 1886. *Journal Officiel* du 7 avril.

Voici le texte du projet élaboré par la Commission du Sénat.

ARTICLE 1ᵉʳ

L'article 341 du code d'instruction criminelle est ainsi modifié :

« En toute matière criminelle, même en cas de récidive,
» le président, après avoir posé les questions résultant de
» l'acte d'accusation et des débats, avertit le Jury, à peine
» de nullité, que, s'il pense à la majorité qu'il existe en
» faveur d'un ou de plusieurs accusés reconnus coupables, des
» circonstances atténuantes, ou même très atténuantes, il
» doit en faire la déclaration en ces termes : « A la majorité
» il y a des circonstances atténuantes » ou « il y a des
» circonstances très atténuantes en faveur de l'accusé. »

(La suite comme à l'article.)

ARTICLE 2.

Le dernier paragraphe de l'article 463 du Code pénal est remplacé par les dispositions suivantes :

« Lorsque les circonstances auront été reconnues très
» atténuantes par le Jury, la Cour appliquera les dispositions
» de l'article 401 relatives à l'emprisonnement et à l'amende
» sans pouvoir élever la peine de l'emprisonnement au-dessus
» de deux ans, ni l'abaisser au-dessous de trois mois.
» Dans tous les cas où la peine de l'emprisonnement et
» celle de l'amende sont prononcées par le Code pénal, si
» les circonstances paraissent atténuantes, les Tribunaux
» correctionnels sont autorisés, même en cas de récidive, à
» réduire l'emprisonnement même au-dessous de six jours
» et l'amende même au-dessous de seize francs; ils pourront
« aussi prononcer séparément l'une ou l'autre de ces peines,

» et même substituer l'amende à l'emprisonnement, sans
» qu'en aucun cas elle puisse être au-dessous des peines de
» simple police.

» Dans le cas où l'amende est substituée à l'emprisonne-
» ment, si la peine de l'emprisonnement est seule prononcée
» par l'article dont il est fait application, le maximum de
» cette amende sera de trois mille francs. »

M. Bozérian avait, dans l'exposé des motifs de sa proposition première (1), expliqué que son projet lui avait été inspiré par plusieurs acquittements prononcés dans de retentissantes affaires d'assassinat, de meurtre, de coups et blessures volontaires qui avaient vivement ému l'opinion publique.

« Depuis cette époque, dit-il, dans son rapport fait au
» nom de la Commission Sénatoriale (2) , le nombre
» de ces acquittements a encore augmenté ; des
» accusés de crimes d'infanticide , de · faux , de
» banqueroute frauduleuse ou d'incendie ont rencontré
» la même indulgence auprès du Jury et bénéficié de la
» même impunité. »

Plusieurs de ces acquittements sont encore présents à la mémoire de tous. Les verdicts du Jury ont été vivement discutés, parfois même sévèrement jugés.

L'attention des criminalistes a été attirée sur ces décisions qui semblaient une négation de la vérité et de la justice ; l'opinion publique s'est émue ; des protestations ardentes se sont élevées.

On s'est demandé ce que deviendrait la société moderne si les citoyens chargés de la protéger, pactisant avec le crime, renvoyaient indemnes de toute condamnation et proclamaient innocents ceux qui cèdent sans résistance à l'entraînement de leurs passions.

---

(1) 4 Mai 1885.
(2) *Journal Officiel* du 16 Mai 1886, p. 111.

On a compris, qu'en se généralisant, ces décisions du Jury, si peu dignes du nom de verdict — *vere dictum* — nous ramèneraient à la barbarie, qu'elles encourageraient chacun à se faire justice soi-même et laisseraient la force brutale se substituer à l'action régulière de la loi.

A quelles causes convient-il d'attribuer ces défaillances des Jurés ?

Les uns n'ont pas hésité à y voir le signe d'une décadence sociale et d'un funeste relâchement de nos mœurs.

D'autres, moins pessimistes, ont pensé que ces acquittements étaient déterminés par la sévérité trop grande des peines édictées par la loi, et c'est cette croyance qui a inspiré à M. Bozérian l'idée de permettre qu'à l'aide d'une déclaration spéciale du Jury, la peine put être abaissée jusqu'aux limites de la plus extrême indulgence.

Est-il vrai que le danger provienne d'un abaissement du niveau de la morale publique ?

Est-il vrai que la sévérité du code pénal fasse reculer les Jurés devant l'application des peines qu'il prononce ?

Ces deux opinions me paraissent, l'une et l'autre, trop absolues.

Si, dans une certaine mesure, on peut-être fondé à dire que notre législation criminelle, dont le code pénal promulgué en 1810 forme encore aujourd'hui la base (1), n'est plus exactement en rapport avec notre état social, convient-il d'en attribuer la cause à un relâchement de nos mœurs, à un obscurcissement de la conscience publique pervertie au point de ne plus discerner le bien du mal.

Cette conclusion serait aussi injuste qu'exagérée. Non, heureusement, nous ne sommes pas encore tombés dans cet état de décadence et de dépravation morales.

Je n'en veux d'autre preuve que l'émotion avec laquelle ont été accueillis et commentés ces verdicts qui ont déconcerté l'opinion.

Il ne faudrait pas d'ailleurs attribuer à certaines décisions, intervenues surtout dans des causes émouvantes, où les accusés, par leur condition sociale (2), par leurs malheurs, quelquefois même par l'indignité de leur victime, excitaient la curiosité ou

---

(1) Est-il utile de rappeler ici que de nombreuses et importantes modifications ont été introduites dans le code pénal par les lois du 21 avril 1832, du 13 mai 1863 et par d'autres encore qu'il serait trop long d'énumérer.

(2) Le sexe, l'âge, le degré d'instruction exercent sur les décisions du Jury une influence constante. Le rapport du Garde des Sceaux sur l'Administration de la justice criminelle en 1884 l'établit en ces termes : « Comme toujours les verdicts négatifs sont plus nombreux pour les femmes : 47 p. 0/0, que pour les hommes : 25 p 0/0, et ils sont en raison directe de l'âge et du degré d'instruction des accusés : 27 p. 0/0 pour les accusés de vingt-et-un à quarante ans ; 29 p. 0/0 pour ceux qui ont de quarante à soixante ans, et 36 p. 0/0 pour les sexagénaires ; 24 p. 0/0 pour les accusés complètement illettrés; 29 p. 0/0 pour ceux qui savent lire et écrire, et 30 p. 0/0 pour ceux qui ont reçu une éducation supérieure. » (pages 10 et 11.)

la sympathie publique, un caractère de généralité qu'elles ne sauraient comporter.

Si nous consultons les statistiques publiées par le Ministère de la Justice, nous pouvons être rassurés en voyant que le nombre des crimes ne subit pas de variation bien sensible, qu'il en est de même du nombre des acquittements et que, « malgré l'émotion produite par certains crimes isolés, les révélations de la statistique générale défient toute interprétation alarmante au point de vue de la sécurité publique (1) ».

Je nie donc cette décadence morale dénoncée par quelques esprits chagrins, je la nie en m'appuyant sur des documents officiels qui démontrent qu'en ces dernières années aucune brusque oscillation n'est venue troubler d'une façon inquiétante la proportion ordinaire des crimes ou des acquittements (2).

Je conteste également que, sauf certaines exceptions sur lesquelles je m'expliquerai tout à l'heure, les peines prononcées par nos lois ne soient plus en rapport avec nos mœurs.

----

(1) Rapport du Garde des Sceaux sur l'Administration de la justice criminelle en 1884, page 7.

(2) Le tableau ci-dessous permettra d'embrasser d'un coup d'œil, d'après les dernières statistiques, le nombre et le résultat des accusations criminelles jugées contradictoirement :

ANNÉES	NOMBRE des ACCUSATIONS	NOMBRE des ACQUITTEMENTS	PROPORTION des ACQUITTEMENTS
1881	3358	766	23 p. 0/0
1882	3644	846	23 p. 0/0
1883	3299	800	24 p. 0/0
1884	3276	814	25 p. 0/0

Sans doute on a pu justement critiquer l'œuvre des législateurs de 1810 qui, subissant l'influence de leur temps, préoccupés avant tout de la nécessité d'intimider les criminels, avaient établi des pénalités d'une sévérité parfois excessive.

Sans doute on a pu rappeler, en invoquant l'autorité de Montesquieu (1), « qu'il serait aisé de prouver que » dans tous ou dans presque tous les États de l'Europe, » les peines ont diminué ou augmenté à mesure qu'on » s'est plus approché ou plus éloigné de la liberté ».

Mais, nous ne devons pas oublier, d'autre part, que le code pénal a été presque entièrement rénové par les lois de 1832 et de 1863 ; « qu'il a secoué l'empreinte du doigt impérial (2) » et qu'il n'a plus, pour ainsi dire, que la forme de celui de 1810.

Il ne faut donc pas aujourd'hui affirmer d'une façon absolue que nos lois sont trop rigoureuses, alors qu'elles suffisent à peine à réprimer l'audace des criminels et qu'elles ne les châtient pas de manière à les empêcher de renouveler leurs forfaits. Le nombre toujours croissant des récidivistes le démontre et, dernièrement encore, les pouvoirs publics ont dû édicter des dispositions exceptionnelles pour purger le sol national de malfaiteurs que les avertissements réitérés de la justice étaient impuissants à corriger (3).

En présence des résultats si peu efficaces de notre

---

(1) Montesquieu. *Esprit des Lois*, livre 12.

(2) Chauveau et Hélie. *Théorie du code pénal*, page 8.

(3) Loi du 14 août 1885, sur les moyens de prévenir la récidive.

législation, est-il opportun de proposer d'affaiblir encore la répression ?

C'est ce que je ne saurais admettre et cependant c'est à ce résultat que nous serions infailliblement conduits.

Je crois pouvoir l'établir au cours de ma discussion.

Examinons maintenant en lui-même le projet de loi élaboré par la Commission du Sénat, recherchons de quel principe il procède, à quelles conséquences il conduit.

On a pensé qu'il convenait de donner plus d'extension à la faculté d'abaisser les peines et, dans cette intention, on propose d'attribuer au Jury le pouvoir d'accorder aux accusés reconnus coupables le bénéfice de circonstances très atténuantes.

Je n'hésite pas, pour ma part, à repousser ce projet, et cela pour trois raisons :

Parce qu'il porterait atteinte aux principes fondamentaux de notre législation pénale ;

Parce qu'il conduirait à des conséquences aussi fâcheuses que faciles à prévoir ;

Parce qu'enfin je ne crois pas à son efficacité.

Ce projet opère une véritable révolution dans l'économie de notre droit pénal.

En effet, si la loi met à la disposition des Jurés et des Juges des combinaisons diverses à l'aide desquelles ils pourront punir un même fait soit de la peine de mort, soit d'un emprisonnement de trois mois, autant dire que le choix de la peine est laissé à leur arbitrage.

Le système des pénalités arbitraires a été vivement attaqué autrefois et son abolition a été considérée comme une des conquêtes de la révolution de 1789. Nos ancêtres avaient proclamé que la loi devait prononcer la peine et que les Juges ne pouvaient que l'appliquer sans avoir le droit de la modifier suivant leurs impressions. On ne leur accordait que la seule latitude de se mouvoir entre un maximum et un minimum déterminés.

Plus tard l'article 463 a permis aux Jurés de manifester leur désir de voir abaisser la peine d'un ou de deux degrés. Mais, en réalité, cette autorisation qui leur est donnée ne constitue qu'un abaissement du minimum des peines inscrites dans la loi.

Avec le projet de la Commission il en est tout autrement.

Le pouvoir d'appréciation laissé au Jury devient si grand que la limite qu'on lui impose n'est plus qu'illusoire et qu'il n'y a plus, à proprement parler, de maximum ou de minimum. Le choix de la peine est alors laissé à la discrétion des Jurés et des Juges, puisqu'une affaire d'assassinat ou de parricide peut se terminer à leur gré, soit par la peine de mort, soit par un emprisonnement de trois mois.

C'est, je le répète, le rétablissement des pénalités arbitraires, c'est une extension des pouvoirs du Jury en opposition avec l'esprit de nos codes criminels.

En effet, comme l'a fait observer justement M. Grandperret, ce serait désormais la loi qui, contrairement à toutes nos règles traditionnelles, convierait le Jury à prendre en considération la nature et l'importance de la peine. Il faudrait alors réviser aussi l'article 342 du code d'instruction criminelle (1) et en effacer l'instruction adressée aux Jurés qui les invite à concentrer toute leur attention sur la question d'innocence ou de culpabilité et les avertit : « Qu'ils manquent à leur » premier devoir lorsque, pensant aux dispositions » des lois pénales, ils considèrent les suites que » pourra avoir, par rapport à l'accusé, la déclaration » qu'ils ont à faire. »

« On relègue, à ajouté l'orateur, cette prescription » parmi les vieilles et vaines formules ; on se prévaut » de ce que les Jurés ne laissent pas que de se préoccuper » des suites pénales de leur verdict. Dans une certaine » mesure, c'est vrai ; toutefois, les principes élevés de

---

(1) Cette suppression avait déjà été proposée dans le projet de loi présenté à la Chambre des Députés par MM. Lisbonne et Agniel, le 23 janvier 1879. (*Journal Officiel* du 31 janvier 1879, annexe n° 1087.) — Cette proposition a été l'origine de la loi du 19 juin 1881 qui a modifié l'article 336 du code d'instruction criminelle et supprimé le résumé du président des assises.

» notre législation ne sont pas encore dépossédés de
» toute influence et de tout respect ; on y pourra renoncer
» quand on aura trouvé mieux ; en attendant il serait
» imprudent de les déconsidérer sans savoir nettement
» par quoi nous les remplacerons.

« Le pouvoir nouveau ainsi confié au Jury, ne
» serait pas seulement exorbitant, il aurait encore pour
» conséquence une diversité, une inégalité regrettable,
» dans la répression des crimes de même nature,
» s'imposant au concours forcé des magistrats et
» enlevant aux peines prononcées le double caractère
» qu'il faut s'efforcer de leur conserver, c'est-à-dire
» la proportionnalité et l'intimidation. »

Ces atténuations à outrance n'auraient-elles pas
encore pour effet de supprimer la barrière qui, au point
de vue de la répression, doit séparer les crimes des
délits ? Que deviendrait alors la distinction établie par
l'article 1er du code pénal qui réserve aux délits les
peines correctionnelles, aux crimes les peines afflictives
ou infamantes ?

Depuis longtemps on a signalé dans quelle situation
différente se trouvent placés, à raison de la juridiction
à laquelle ils sont déférés, l'individu accusé d'un crime
et celui qui n'est prévenu que d'un simple délit; on a
constaté que, si le premier encourait une peine plus
sévère, il avait en revanche beaucoup plus de chances
que le second de bénéficier d'un acquittement.

M. Bozérian, dans son rapport, en fait l'observation en
ces termes : « On s'est également ému de ce fait que,

» lorsqu'au lieu d'aboutir à un crime, le fait coupable
» n'aboutit qu'à un délit, la situation du prévenu
» justiciable de la police correctionnelle est pire que
» celle de l'accusé justiciable de la cour d'assises. On se
» fait difficilement à cette idée que, tandis que le
» délit aboutit à la certitude de la punition, le crime
» aboutit à la vraisemblance de l'impunité. »

J'ignore si cette phrase recèle une critique à l'adresse des Tribunaux Correctionnels. Pour moi, je n'y veux voir qu'une comparaison tout à l'honneur des magistrats qui trouvent, dans le sentiment de leurs devoirs, l'énergie nécessaire pour assurer la stricte application de la loi.

Mais, quoi qu'il en soit sur ce point, il est certain qu'avec la nouvelle loi, la situation signalée par M. Bozérian ne ferait que s'accentuer davantage.

Plus que les délinquants, les criminels auraient chance de se voir acquitter ; en cas de condamnation très atténuée le crime ne serait point passible de peines plus sévères que le délit.

Cette anomalie serait justement critiquée et, pour la corriger, nous verrions bientôt réclamer l'institution du Jury en matière correctionnelle.

Je ne puis examiner ici quels seraient les avantages ou les inconvénients de cette innovation ; mais, dès à présent, je signale cette conséquence à laquelle conduirait fatalement l'adoption du projet de la Commission.

Pour la prévoir, pour la prédire, point n'est besoin

d'être grand prophète ; il suffit de réfléchir, il suffit de
lire le rapport de M. Bozérian où nous voyons que le
système des circonstances très atténuantes, établi dans
le canton de Genève, en matière criminelle, par la loi
du 22 janvier 1844, a été admis quatre ans plus tard,
en ce qui concerne les délits, par la loi du 4 mars 1848,
loi qui a institué le Jury en matière correctionnelle.

Ce système des circonstances très atténuantes serait
incompatible avec notre organisation judiciaire actuelle
et quand, pour en préconiser les avantages, on nous
cite l'exemple du canton de Genève et des nations
Scandinaves, on oublie trop facilement les différences
profondes qui existent entre notre législation et celle
de ces divers pays.

Dans le canton de Genève, le seul des vingt-
deux cantons de la confédération helvétique dont les
lois admettent les circonstances très atténuantes, le Jury,
comme nous venons de le dire, est chargé de réprimer
les crimes et les délits. En outre, il est à remarquer
que, d'après le Code Pénal Génevois, une déclaration
de circonstances atténuantes ne permet à la Cour
d'abaisser la peine que d'un seul degré. Cet adoucisse-
ment si restreint ayant paru insuffisant pour certains
cas, on a établi une seconde catégorie de circonstances
dites très atténuantes, dont la reconnaissance investit la
Cour d'un pouvoir presque illimité (1). Si la peine établie

---

(1) Voir le discours prononcé par M. l'Avocat Général Fournez,
à l'audience de rentrée de la Cour de Riom, le 16 octobre 1885,
pages 22 à 27.

par la loi est la réclusion à perpétuité, la Cour prononce un emprisonnement de quatre ans ou au-dessous, sans minimum ; si la peine est la réclusion à temps, la Cour prononce un emprisonnement de deux ans ou au-dessous, sans minimum.

D'autre part, si les lois des pays Scandinaves, comme celles du canton de Genève, admettent l'existence de circonstances très atténuantes, elles ne confèrent, dans ce cas, au Juge qu'un pouvoir assez restreint : en Danemark, celui de se mouvoir dans les limites du maximum au minimum, sauf de rares exceptions déterminées par la loi pour certains délits ; en Norwège, celui d'appliquer la peine la moins forte dans le cas où le Code a fixé une double pénalité ; en Suède enfin, le pouvoir de diminuer la peine dans des proportions assez notables, sans toutefois descendre à la peine inférieure, sauf dans certains cas où la substitution de l'amende à l'emprisonnement est autorisée (1).

Il est en outre important de faire remarquer que, dans ces trois pays, où le Jury n'existe pas, l'appréciation des circonstances atténuantes ou très atténuantes se trouve confiée aux magistrats.

Est-il bon d'emprunter aux nations étrangères, en l'isolant des dispositions législatives qui en réglementent l'application, un principe dont l'effet sera de compromettre l'harmonie de nos institutions ?

Parce que, dans ces dernières années, certains acquittements, regrettables sans doute, mais trop peu

---

(1) Discours de M. l'Avocat Général Fournez.

nombreux pour modifier les résultats généraux de la statistique criminelle, ont été prononcés, convient-il de sacrifier les principes fondamentaux de notre droit pénal et notre organisation judiciaire pour entrer en accommodement avec les faiblesses du Jury ?

Le remède ne serait-il pas pire que le mal ?

Un autre danger est encore à craindre : c'est qu'après avoir supprimé toute distinction entre les délits et les crimes, le pouvoir nouveau qu'on veut confier au Jury n'ait encore pour conséquence une faiblesse excessive dans l'application des lois.

Ceux qu'intéresse l'étude des questions criminelles connaissent tout ce qu'on a dit et écrit sur l'abus des circonstances atténuantes. Elles n'ont pas toujours été accordées d'une façon très clairvoyante ; la générosité avec laquelle le Jury les a prodiguées a été parfois pour l'opinion publique une cause de surprise et d'improbation. On peut dire que l'octroi des circonstances atténuantes qui, en lui-même et en dehors de tout abus, est la condition d'une bonne et exacte justice, a tendu rapidement à se généraliser, si bien qu'aujourd'hui, d'après les dernières statistiques, nous voyons que sur 100 accusés, condamnés par les cours d'assises, 74 obtiennent le bénéfice de l'article 463 (1).

N'est-il pas permis de pressentir que l'établissement d'une nouvelle catégorie de circonstances atténuantes, alors surtout qu'il peut en résulter un abaissement si démesuré de la peine, donnera lieu à de nouveaux étonnements et à de nouvelles censures ?

N'est-il pas à craindre que, dans les affaires crimi-

---

(1) Rapport du Garde des Sceaux sur l'Administration de la justice criminelle en 1884, page 12.

nelles, les circonstances très atténuantes ne soient largement et presque indistinctement accordées ; que les Jurés, après avoir admis le principe d'une condamnation qui rassure leur conscience, ne se laissent trop facilement entraîner à la pitié, et qu'une déclaration de circonstances très atténuantes ne devienne, pour ainsi dire, une clause de style insérée au bas de tous les verdicts ?

Est-il opportun de s'exposer à ce résultat, alors que dans le dernier rapport sur l'Administration de la justice criminelle nous trouvons les constatations suivantes :

« L'inefficacité de la peine, au triple point de vue de
» la correction, de l'intimidation et de l'amendement,
» ressort chaque jour davantage des indications de la
» statistique ; le flot de la récidive monte toujours :
» 89,166, tel est le chiffre des accusés ou prévenus qui,
» après avoir été frappés par la justice, ont été condamnés
» de nouveau, en 1884, par les cours d'assises et les
» tribunaux correctionnels. De 1876 à 1880, le nombre
» moyen annuel n'avait été que de 72,387 ; c'est donc,
» en quatre années une augmentation de 23 p. 0/0 (1). »

Convient-il, en présence de si déplorables révélations, d'encourager encore l'audace des criminels en leur permettant l'espoir d'une indulgence presque infinie ?

On me répondra, je le sais, que le Jury usera avec discernement du nouveau pouvoir qu'on lui confère et

---

(1) Rapport du Garde des Sceaux sur l'Administration de la Justice criminelle en 1884, page 16.

saura en réserver le bienfait aux accusés vraiment dignes d'intérêt et de commisération.

Certes, je ne révoque pas en doute l'intelligence et la fermeté du Jury, mais je suis aussi de ceux qui pensent qu'il ne faut ni trop demander, ni trop accorder aux institutions ou aux hommes et qu'un pouvoir sans contrôle comme sans limite devient souvent la source des plus criantes iniquités.

M. Bozérian, dans son rapport déposé au Sénat le 1ᵉʳ mars dernier (1), se demande à qui l'on doit imputer la responsabilité de ces acquittements immérités qui ont inspiré le projet de la Commission :

« Incombe-t-elle exclusivement au Jury ? N'incombe-
» t-elle pas aussi au législateur ? A vrai dire elle incombe
» à l'un et à l'autre, mais surtout au second..... Le
» législateur a beau dire, il a beau faire, au moment de
» déposer son vote, le Jury a toujours pensé et pensera
» toujours aux conséquences pénales de son verdict.
» S'il a tort d'empiéter sur son droit, le législateur a
» eu tort d'empiéter sur sa conscience.... Epouvanté
» de ces perspectives, il oppose à la doctrine de la
» soumission celle de l'omnipotence, il se fait rebelle
» plutôt que de se faire complice. A ce jeu là, la justice
» ne trouve pas son compte. »

Il semblait donc que, pour remédier au double mal dont elle reconnait l'existence, la Commission dût, logiquement, élaborer un projet qui, en abaissant les

---

(1) Séance du 1ᵉʳ mars. *Journal Officiel* du 16 mai 1886, annexe n° 61.

peines jugées trop sévères pour certains crimes, mit en même temps un frein à cette tendance qu'a le Jury de se constituer souverain appréciateur et du crime et du châtiment.

Il semblait qu'elle dût examiner un à un les divers articles du code, signaler ceux qui contiennent des pénalités exagérées et proposer les atténuations raisonnables ou nécessaires.

Au lieu de cela, sans dénoncer ces rigueurs excessives, sans démontrer quels sont ces torts qu'on impute au législateur, on imagine de légitimer les tendances envahissantes du Jury en lui permettant, si atroce que soit un crime, de le faire dégénérer à son gré en un simple délit. Le législateur abdique entre les mains des Jurés !

Est-on sûr au moins, pour prix de ces concessions, d'obtenir de meilleurs résultats ?

Rien n'est plus douteux.

Qui vous dit que les Jurés, vivement impressionnés par un drame de Cour d'Assises, forts de la déclaration par laquelle M. Bozérian n'a pas craint de proclamer qu'une fixation étroite de la peine constitue un empiétement du législateur sur leurs consciences, armés de pouvoirs que les défenseurs pourront désormais leur représenter comme absolus, craignant de voir la Cour s'associer parcimonieusement à leur indulgence, ne se laisseront pas entraîner jusqu'au bout et ne préféreront pas une absolution loyale et franche à ces compromissions douteuses, à ces condamnations édulcorées qui, devant la gravité du crime et l'insuffisance de la peine, n'auront rien — pas même l'apparence — d'un acte de justice.

Les espérances qu'on fonde sur le projet de loi seraient donc, je le crains, fréquemment déçues. Ces verdicts de non-culpabilité, qui nous préoccupent, sont de véritables lettres de grâce arrachées à l'émotion du Jury. Personne ne s'y trompe, pas même le public le plus ignorant, et si nous pouvons regretter ces décisions trop indulgentes, nous ne devons pas méconnaître leur vrai caractère pour voir en elles soit la justification du crime, soit une protestation contre la sévérité des lois.

Si l'on croit cependant, avec M. Bozérian, que l'exagération de certaines peines entraîne l'exagération des acquittements, ne pourrait-on, sans introduire dans notre législation une disposition qui en bouleverse l'économie, procéder à une révision raisonnée et approfondie de quelques articles du code pénal ? Ne devrait-on pas d'abord attendre que les Chambres se fussent prononcées sur le projet de loi tendant à l'abolition de la peine de mort, récemment déposé à la Chambre des Députés par M. Frébault ? Car il est clair que si, contre toute vraisemblance (1), cette

---

(1) Un projet de loi tendant à l'abolition de la publicité des exécutions capitales a été voté par le Sénat et est actuellement soumis à la Chambre des Députés. M. Jamais, au nom de la Commission, a déposé un rapport favorable à cette proposition dont l'adoption laisserait peu de chances de succès au projet de M. Frébault.

proposition était adoptée, la gradation de nos peines criminelles subirait une importante modification.

Et puisqu'il est reconnu par tous que l'infanticide est un des actes coupables qui trouve le plus souvent grâce devant le jury (1), ne pourrait-on pas rayer ce crime du nombre de ceux que l'article 302 punit de mort? L'infanticide qui, aux termes de l'article 300, est le meurtre d'un enfant nouveau-né, ne pourrait-il être entièrement assimilé au meurtre et n'être puni de la peine capitale qu'au cas où l'adjonction de circonstances aggravantes nécessiterait un surcroît de sévérité? — Pourquoi ne pas adoucir les peines portées contre les incendiaires et ne pas réserver la peine capitale au cas prévu par la disposition finale de l'article 434 ?

Ne pourrait-on pas aussi donner satisfaction à ce sentiment public, maintes fois affirmé, qui refuse d'attribuer un caractère criminel au vol et à l'abus de confiance domestiques (2), aux violences envers les ascendants légitimes lorsqu'elles n'entraînent d'ailleurs aucune des conséquences prévues par les deux derniers paragraphes de l'article 312 ?

---

(1) En 1884, sur 183 accusés d'infanticide 80, c'est-à-dire 43 p 0/0, ont été acquittés; tous les condamnés, au nombre de 76, ont obtenus des circonstances atténuantes. (Compte criminel de 1884, tableau I et VIII.) — De 1873 à 1880, sur 1767 accusés d'infanticide, 1130 c'est-à dire 64 p. 0/0 avaient été déclarés coupables, 8 avaient été condamnés à mort; 1122 c'est-à-dire 99,3 p. 0/0 avaient obtenus des circonstances atténuantes. (*Rapport du Garde des Sceaux sur l'Administration de la Justice criminelle en 1880. page 49.*)

(2) Articles 386 § 3 et 408 § 2 du code pénal.

Si, au contraire, on hésite à entrer dans ces modifications de détail, si on redoute de donner aux tribunaux correctionnels une extension de compétence qu'ils n'ambitionnent pas, pourquoi ne pas abaisser simplement le minimum des peines que la Cour d'Assises peut appliquer ?

Y aurait-il, par exemple, un inconvénient sérieux à modifier les articles 19 et 21 du code pénal en permettant de réduire de cinq à trois ans la durée minima des travaux forcés à temps et de la réclusion ? à fondre en un seul les paragraphes 6 et 7 de l'article 463, en autorisant la Cour, dans le premier cas comme dans le second, à abaisser à une année la durée de l'emprisonnement.

Il serait facile de mettre ainsi nos lois en harmonie avec nos mœurs, d'atténuer les pénalités trop rigoureuses, de proscrire cette pratique officiellement connue sous le nom de *correctionnalisation,* « mot aussi barbare que la chose qu'il exprime est contraire aux règles du droit (1). »

Je pense donc, conformément à l'avis de la minorité de la Commission, que c'est dans une révision restreinte, réfléchie, respectueuse des principes de notre droit criminel et de nos institutions judiciaires qu'il convient de chercher le remède et non dans une extension presque illimitée des pouvoirs du Jury.

Le public a déjà une certaine difficulté à comprendre qu'il puisse exister des circonstances dites atténuantes

______

(1) Massabiau. (*Manuel du Ministère public,* T. II, page 175.)

lorsqu'il les rapproche de certains faits prouvés contre un accusé. Que sera-ce si l'on vient à parler de circonstances très atténuantes. Une telle formule appliquée dans des affaires capitales constituera une véritable dérision ou bien elle paraîtra incompatible avec toute condamnation.

Ce sont là des considérations que M. Grandperret a fait éloquemment valoir dans son discours au Sénat :

« Il ne serait pas, a-t-il dit, à l'honneur de la loi
» d'organiser industrieusement une nouvelle combi-
» naison de circonstances atténuantes pour se ménager,
» dans certains cas, des pis-aller judiciaires et pour
» chercher des consolations dans la pénalité correc-
» tionnelle ; ni la dignité de la loi, ni l'autorité de la
» justice, ni le grand intérêt de la défense sociale
» n'auraient rien à gagner à ces offres de transaction
» faites au Jury et qui resteraient le plus souvent
» impuissantes, en tout cas peu estimées.

» A chacun son rôle. Un verdict immérité d'absolution
» est profondément regrettable ; mais c'est l'œuvre
» d'un Jury qui se dissout, se disperse et disparaît
» après l'avoir rendu ; c'est une défaillance accidentelle
» d'où il ne faut pas faire sortir une défaillance
» permanente de la loi. »

Telles sont les considérations diverses qui me font prendre parti contre le projet de loi déposé par M. Bozérian. Je les résume en quelques mots : l'expédient proposé rétablit le système des pénalités arbitraires ; au mépris des principes fondamentaux de notre droit et de notre organisation judiciaire il confond sous l'application des mêmes peines les crimes et les délits ; il sacrifie les sanctions justes et efficaces à l'espoir d'une répression aussi insuffisante qu'incertaine ; il constitue enfin, de la part du législateur, non pas une réforme mais une véritable abdication.

Les débats vont s'ouvrir ; des voix autorisées vont se faire entendre. Puisse de la discussion jaillir la lumière ! Puissent les résolutions qui seront arrêtées consacrer un nouveau progrès, satisfaire la conscience publique, concilier dans une heureuse mesure les intérêts de la justice et ceux de l'humanité !

Juin 1886.

9 782019 268336